HÁBITATS DEL MUNDO

UN VIAJE POR LOS ECOSISTEMAS DE LA TIERRA

ESCRITO POR
JOHN WOODWARD

ASESORADO POR EL DR. NICK CRUMPTON

DK LONDRES
Edición sénior Michelle Crane
Edición del proyecto de arte Kit Lane
Asistencia editorial Binta Jallow
Asistencia de diseño Katy Jakeway
Edición de producción Jacqueline Street-Elkayam
Control de producción sénior Poppy David
Diseño de cubierta Stephanie Cheng Hui Tan
Desarrollo de diseño de cubierta Sophia MTT
Edición ejecutiva Francesca Baines
Edición ejecutiva de arte Philip Letsu
Dirección editorial Andrew Macintyre
Subdirección de publicaciones Liz Wheeler
Dirección de arte Karen Self
Dirección de publicaciones Jonathan Metcalf

Ilustración Andrew Beckett (Illustration X), Peter Bull,
Barry Croucher (The Art Agency), Chris@KJA, SJC
Illustration, Sofian Moumene

De la edición en español:
Coordinación editorial Cristina Gómez de las Cortinas
Asistencia editorial y producción Malwina Zagawa

Servicios editoriales Tinta Simpàtica
Traducción Ana Riera Aragay

Publicado originalmente en Gran Bretaña en 2023
por Dorling Kindersley Limited
DK, One Embassy Gardens, 8 Viaduct Gardens,
Londres, SW11 7BW
Parte de Penguin Random House

Copyright © 2023 Dorling Kindersley Limited
© Traducción española: 2023 Dorling Kindersley Ltd

Título original: *Habitats of the World*
Primera edición: 2023

ISBN: 978-0-7440-7924-1

Impreso y encuadernado en China

Para mentes curiosas

www.dkespañol.com

MIXTO
Papel | Apoyando la
selvicultura responsable
FSC™ C018179

Este libro se ha impreso con papel
certificado por el Forest Stewardship
Council™ como parte del compromiso
de DK por un futuro sostenible.
Para más información, visita
www.dk.com/our-green-pledge

CONTENIDOS

Biomas del mundo

Los hábitats salvajes que se extienden por amplias zonas se conocen como biomas. En tierra firme, quedan definidos por la geografía, el clima y la vegetación. Este mapa muestra la distribución de los principales biomas y un ejemplo de cada uno de ellos.

Hielo
Los mares del Ártico y el Antártico están congelados todo el invierno. Pero bajo el hielo el agua rebosa vida.

Bosque boreal
Una franja de bosque perenne, compuesto principalmente por coníferas, se extiende alrededor del Ártico.

Desierto
En todos los desiertos, excepto en los más secos y hostiles, hay plantas y animales que se han adaptado para sobrevivir a la sequía.

Montaña
Las montañas altas, como los Andes, tienen sus cimas desnudas, pero unos hábitats más ricos en las laderas.

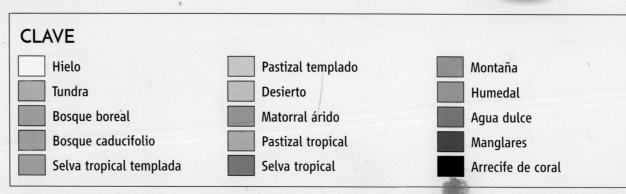

CLAVE

- Hielo
- Tundra
- Bosque boreal
- Bosque caducifolio
- Selva tropical templada
- Pastizal templado
- Desierto
- Matorral árido
- Pastizal tropical
- Selva tropical
- Montaña
- Humedal
- Agua dulce
- Manglares
- Arrecife de coral

Tundra
En invierno, el terreno que rodea los casquetes polares está helado y desnudo, pero se llena de vida en primavera.

Agua dulce
Los arroyos, ríos y lagos sin contaminar de todo el mundo son excelentes refugios para todo tipo de criaturas acuáticas.

Bosque caducifolio
En las regiones frías, como Europa, muchos árboles pierden las hojas en invierno, pero en primavera les salen otras nuevas.

Pastizal templado
En las regiones con inviernos fríos y veranos calurosos y secos, como la estepa asiática, crecen pastizales naturales.

Manglares
En las resguardadas costas de los trópicos crecen pantanosos bosques de manglares.

Arrecife de coral
En los mares tropicales poco profundos, los corales construyen arrecifes rocosos ricos en otras criaturas marinas.

Selva templada
Las regiones húmedas, templadas y normalmente costeras, con inviernos sin heladas, se transforman en selvas templadas.

Matorral árido
En un suelo tan seco que es casi un desierto crecen plantas capaces de sobrevivir sin lluvia.

Pastizal tropical
Las regiones tropicales con largas estaciones secas se transforman en pastizales, que en África se llaman sabanas.

Selva tropical
Cerca del ecuador, la lluvia tropical favorece bosques exuberantes que son los hábitats más ricos del mundo.

Humedal
Los pantanos y las llanuras aluviales ofrecen alimento y refugio a una gran variedad de animales.

El *pez loro de cabeza empinada* tritura el coral con su fuerte mandíbula para llegar a las partes blandas y a las diminutas algas que crecen en las grietas.

 El pez loro es visitado por pequeños *lábridos limpiadores azules* que le quitan los parásitos y la piel muerta del cuerpo y las agallas.

El *pez payaso* es inmune a las células urticantes de los tentáculos de la anémona, así que se oculta entre ellas para mantenerse a salvo de otros peces.

Jurel ojigordo

Cubomedusa

Trucha coralina

Pez loro de cabeza empinada

Pez payaso

Lábrido limpiador azul

Anémona de mar

Gamba mantis pavo real

Tritón gigante

Nudibranquio

Estrella corona de espinas

 La *gamba mantis pavo real* rompe la concha de almejas y cangrejos con sus antebrazos fuertes como porras para comerse su carne.

 La punzante *estrella corona de espinas* se alimenta de coral, dejando partes del arrecife peladas. Es engullida a su vez por el tritón gigante.

Una *serpiente marina con cabeza de tortuga* se mueve por el arrecife en busca de los huevos que los peces han puesto entre los corales.

Patrullando entre los corales, un *tiburón punta negra* atrapa peces, sepias y otros animales.

ARRECIFE DE CORAL
Gran Barrera de Coral, Australia

La Gran Barrera de Coral, que se extiende 2300 km a lo largo de la costa nordeste de Australia, es el arrecife de coral más grande del mundo. Lo han ido construyendo durante miles de años millones de corales vivos, parientes de las anémonas de mar, que sostienen sus cuerpos con esqueletos pétreos. El soleado arrecife es el hábitat de una increíble variedad de peces y otros animales.

Serpiente marina con cabeza de tortuga

Lábrido exquisito

Sepia mazuda

Tiburón punta negra

Estrella de mar

Pez ballesta payaso

Pez ángel emperador

Tortuga verde

Pez mariposa

Almeja gigante

Pulpo de anillos azules

Coral cerebro

Un *coral cerebro* es una colonia formada por muchos animales. Las algas microscópicas de sus tejidos usan la energía del sol para fabricar el alimento del que se nutre el coral.

Una *almeja gigante*, que crece en una grieta del arrecife, puede vivir un siglo o más y llegar a medir 120 cm de largo.

La picadura del *pulpo de anillos azules*, que debe su nombre a los círculos azules de su piel, puede matar a una persona en segundos.

Las ensenadas embarradas de los manglares constituyen el territorio de caza perfecto para el increíblemente fuerte *cocodrilo de agua salada*.

El *picotenaza asiático* se alimenta básicamente de caracoles que coge con su largo pico.

Las ramas son los dormideros diurnos de grandes murciélagos frugívoros: los *zorros voladores*.

Un *tigre de Bengala* acecha a un gran chital, o ciervo moteado. Sundarbans es uno de los últimos reductos en los que sobrevive.

- Miná común
- Zorro volador
- Milano brahmán
- Picotenaza asiático
- Tigre de Bengala
- Ibis cabecinegro
- Garceta común
- Cocodrilo de agua salada
- Chital
- Avesol asiático
- Cangrejo herradura de manglar
- Gato pescador
- Cangrejo violinista
- Pez del fango
- Cangrejo de manglar
- Tortuga acuática del río del norte

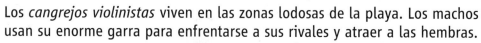
Los *cangrejos violinistas* viven en las zonas lodosas de la playa. Los machos usan su enorme garra para enfrentarse a sus rivales y atraer a las hembras.

Los *peces del fango* pasan la mayor parte del tiempo fuera del agua, en el barro. Llevan consigo una reserva de agua para poder respirar.

Una *pitón de la India*, una de las serpientes más grandes del mundo, retrocede hasta un árbol cuando sube la marea.

El *macaco Rhesus* vive en las copas de los árboles, donde se alimenta de frutos, frutos secos y brotes. Si es necesario, puede saltar de un árbol a otro.

MANGLARES
Sundarbans, bahía de Bengala

En las costas resguardadas de las regiones tropicales, los bosques de manglares crecen en el lodo encharcado gracias a unas raíces especialmente adaptadas que almacenan el aire cuando la marea baja. El bosque de manglares más grande del mundo es el de Sundarbans, en el delta del Ganges, en la bahía de Bengala. Es el refugio de una gran variedad de animales, incluido el amenazado tigre de Bengala.

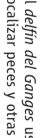

El *delfín del Ganges* usa la ecolocalización para localizar peces y otras presas en el agua lodosa.

Un *pigargo oriental* se lanza en picado hacia el agua para atrapar un pez con sus afiladas garras.

Pitón de la India

Macaco Rhesus

Delfín del Ganges

Alción alipardo

Gansito asiático

Varano acuático

Pigargo oriental

Pez arquero

Raya de manglar

El *gato pescador* hace honor a su nombre, ya que se alimenta de peces. A veces incluso se zambulle en el agua para perseguirlos.

El *pez arquero* lanza chorros de agua a los insectos que están posados sobre las raíces expuestas de los manglares, haciendo que caigan al agua.

8

 1 Manadas de *elefantes africanos* se pasean bajo los árboles, buscando hojas, frutos y trozos de corteza. Los machos adultos, no obstante, suelen vivir solos.

2 El *águila coronada*, uno de los depredadores más temidos de la selva, es tan fuerte que puede arrancar a un mono de la rama a la que se aferra.

SELVA TROPICAL
Gabón, África central

Las selvas tropicales, situadas en el ecuador o cerca de él, son siempre cálidas y húmedas, sin estaciones frías ni secas. Eso permite que las plantas crezcan rápido todo el año, creando los hábitats terrestres más ricos de la Tierra. En la selva vive una gran variedad de animales, como elefantes, leopardos, gorilas, monos y aves.

12 Gabón es el bastión del *mandril*, un mono grande con la cara de colores, especialmente los machos.

11 El *cercopiteco de Gabón*, descubierto en 1988, vive solo en las selvas remotas del centro de Gabón.

Ceiba

Abejaruco de Malimba

Murciélago de la fruta pajizo

Monarca colilargo ventrirrojo

Cálao carigrís

Milicia excelsa

Alción castaño

Búfalo rojo

Duiquero de lomo amarillo

Picatartes cuelligrís

Gato dorado africano

Tarántula

10 Camuflada entre las hojas muertas, una *víbora de Gabón* está al acecho, lista para clavar sus enormes colmillos venenosos en su presa.

9 Un *potamoquero rojo* usa su fuerte hocico para buscar raíces jugosas y animales de madriguera por el suelo.

3 El *guereza abisinio*, un colobo que se alimenta de hojas, pasa la mayor parte de su vida en el dosel arbóreo, lejos del suelo.

4 El *loro gris africano*, presente en toda África central, prefiere las selvas tupidas, donde se alimenta de frutos, frutos secos y pequeños animales.

Turaco gigante

Cercopiteco de Brazza

Mangabeye gris

Chimpancé

Helecho arbóreo

Cercopiteco de hocico azul

5 El *pangolín arborícola* usa su larga lengua para atrapar hormigas y termitas en la copa de los árboles.

6 Los *gorilas occidentales de llanura* pasan la mayor parte del tiempo en el suelo, comiendo hojas y frutos.

8 Este *leopardo* puede parecer una amenaza para el bongo, pero prefiere presas mucho más pequeñas.

7 El *bongo*, un gran antílope de la selva, busca zonas donde pueda darse un festín de hojas nuevas y brotes verdes.

Un *baobab* grande puede almacenar hasta 120 000 litros de agua en su enorme tronco durante la estación lluviosa.

El *guepardo*, que puede alcanzar los 90 km/h o más en unos segundos, persigue a una gacela.

Una manada de *leones* descansa; las hembras han cazado unas horas antes.

Una *carraca lila* observa el suelo desde su rama, lista para atrapar algún insecto o lagarto pequeño.

PASTIZAL TROPICAL
Serengeti, África oriental

Vastas zonas de los trópicos experimentan largas estaciones secas que impiden la formación de bosques. Se han convertido en grandes extensiones de hierba salpicadas de árboles especializados que se han adaptado para poder sobrevivir a la sequía. En África, estos pastizales son el hábitat de enormes manadas de antílopes y cebras, que son cazados por grandes depredadores como guepardos, leones, leopardos y hienas moteadas.

Baobab

Rinoceronte negro

León

Buitre dorsiblanco africano

Guepardo

Carraca lila

Hiena moteada

Cerdo hormiguero

Termitero

Jabalí verrugoso

Damán roquero

Hipopótamo

Papión oliva

Pitón africana de roca

Escarabajo pelotero

Los *escarabajos peloteros* recogen los excrementos que dejan las manadas, forman bolas y las entierran para alimentar a sus crías.

La *pitón africana de roca*, que puede alcanzar los 6 m, puede asfixiar a un antílope hasta matarlo y tragárselo entero, cuernos incluidos.

El macho de la *jirafa masai*, que puede llegar a medir 6 m, es el animal vivo más alto. Llega a la copa de las acacias.

En la estación seca, cuando la comida escasea, el *elefante africano* arranca árboles de raíz para poder comerse sus hojas.

Águila de Verreaux

Tejedor intermedio

Jirafa masai

Acacia

Cebra común

Cocodrilo del Nilo

Elefante africano

Ñu

Secretario

Gacela de Thomson

Mamba negra

Rata africana de la hierba

El *ñu*, un tipo de antílope, pasta en la hierba corta que han dejado las cebras.

La pequeña *gacela de Thomson* mordisquea la hierba todavía más corta que dejan los ñus.

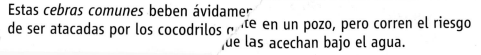
Estas *cebras comunes* beben ávidamente en un pozo, pero corren el riesgo de ser atacadas por los cocodrilos que las acechan bajo el agua.

El *secretario* de largas patas caza insectos, ratones e incluso serpientes venenosas.

1 El *caracolero común* se alimenta casi exclusivamente de caracoles manzana. Los extrae de su caparazón con su largo pico.

2 Los árboles que crecen entre las charcas atraen a llamativas aves como el *guacamayo jacinto*, uno de los loros más grandes del mundo.

HUMEDAL
Pantanal, Sudamérica

Hay humedales por todo el planeta, allí donde el drenaje natural es pobre o los ríos se desbordan anegando el paisaje circundante. El Pantanal es el humedal tropical más grande del mundo. Sus pantanos y charcas abarcan 150 000 km². Es una región de exuberante vegetación plagada de insectos que atraen a una gran variedad de animales.

Tucán toco

Victoria amazón

Calamoncillo americano

12 El Pantanal es el bastión del *jaguar*, que se zambulle en el agua para atrapar a sus presas.

11 El *ibis verde* vive en los humedales, junto a garzas, cigüeñas y martines pescadores.

10 Los grupos de *nutrias gigantes*, que cazan peces bajo las hojas flotantes de la victoria amazónica, pueden medir 1,8 m de largo.

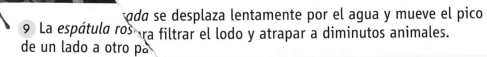

9 La *espátula rosada* se desplaza lentamente por el agua y mueve el pico de un lado a otro para filtrar el lodo y atrapar a diminutos animales.

3 Los fuertes gritos del *mono carayá negro* retumban por los humedales. Solo los adultos machos son negros, pero ambos sexos aúllan.

4 Grupos de *capibaras* van por el agua buscando plantas acuáticas. Este animal semiacuático del tamaño de un cerdo es el roedor más grande.

5 El ocelote, hábil trepador, se desliza por las ramas de los árboles en busca de presas.

6 En el Pantanal viven unos 10 millones de *yacarés negros*, un tipo de caimán.

Guacamayo azul y amarillo

Coatí

Culebra perico verde

Ciervo de los pantanos

Tapir amazónico

Zorro cangrejero

Boa constrictor

Lirio acuático

Iguana común

Rana nadadora grande

8 La *jacana común* reparte su peso entre los largos dedos de sus pies para poder desplazarse por las hojas de las plantas acuáticas sin hundirse.

7 El *águila pescadora,* que pasa el invierno en el Pantanal, se sumerge en el agua para atrapar peces.

Un *ratonero de cola roja* localiza a su presa. Después se lanza en picado y la ataca con sus fuertes garras.

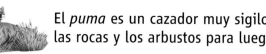

El *puma* es un cazador muy sigiloso que se oculta entre las rocas y los arbustos para luego emboscar a su presa.

El *mesquite de terciopelo* es un arbusto cuyas raíces llegan hasta el agua del subsuelo.

El *tejón norteamericano* busca presas en el suelo y no tarda en regresar a su guarida, donde se pasa el día durmiendo.

DESIERTO
Desierto de Sonora, Norteamérica

En los desiertos hay muy pocas precipitaciones, pero en el de Sonora llueve más que en la mayoría. La mayor parte del tiempo, en su tierra seca solo crecen cactus, arbustos espinosos y pequeños árboles. Pero de vez en cuando un aguacero da vida a semillas que habían estado inactivas durante años. De pronto el desierto se llena de vida, ya que todas las plantas crecen y florecen a la vez. En el desierto, los animales se muestran especialmente activos en las primeras horas del día, cuando hace menos calor.

Ratonero de cola roja

Jilguero menor

Mesquite de terciopelo

Ocotillo

Puma

Correcaminos

Coirón amargo

Cactus mamilaria

Rata de garganta blanca

Tejón norteamericano

Ardilla terrestre

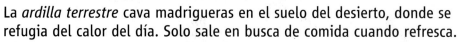

La *ardilla terrestre* cava madrigueras en el suelo del desierto, donde se refugia del calor del día. Solo sale en busca de comida cuando refresca.

El veloz *correcaminos* es un pájaro que no suele volar. Corre por el suelo en busca de pequeños animales.

El *rintel*, un hábil trepador pariente del mapache, está activo por la noche y duerme en los huecos de los árboles durante el día.

El *colibrí de Costa* sorbe el néctar de una flor de cactus. Las flores, de olor intenso, se abren por la noche y duran tan solo un día.

El tallo del *saguaro* se hincha para almacenar el agua que absorben sus raíces superficiales cuando llueve.

Un *lagarto cornudo* se calienta bajo el sol matutino. Cuando se haya calentado irá en busca de insectos.

Pitayo dulce

Rintel

Colibrí de Costa

Saguaro

Carpintero del desierto

Borrego cimarrón

Árbol de tunas

Cholla espinosa

Hierbas de cerda de llanura

Cascabel diamantina del oeste

Amapola de California

Lagarto cornudo

Escorpión de corteza de Arizona

Tortuga del desierto

Lista para atacar, la *cascabel diamantina del oeste* muestra sus colmillos venenosos. Tras matar a su presa, se la traga entera.

La *tortuga del desierto* cava madrigueras en la arena con sus pies delanteros en forma de pala, donde se refugia del calor.

15

El *zampullín común* se sumerge en busca de animalillos que pueda tragarse enteros.

Una *garza real* avanza por el agua cerca de la orilla en busca de algún pez que pueda arponear con su largo y afilado pico.

AGUA DULCE
Alto Támesis, Gran Bretaña

Hay ríos y lagos por todo el mundo y en casi todo tipo de paisajes. Son imanes para la vida salvaje, ya que ofrecen las condiciones ideales tanto para las plantas como para los pequeños animales acuáticos. Proporcionan alimento a muchos peces y aves. En primavera, el aire se llena de efímeras, libélulas y caballitos del diablo, que han pasado la mayor parte de su vida bajo el agua como larvas.

Las *efímeras* danzan sobre el agua durante unas horas antes de aparearse y morir.

La *araña de agua* vive bajo el agua, en una burbuja de aire atrapada en su telaraña.

Efímera

Carricerín común

Bigotudo

Garza real

Cisne mudo

Perca

Bagre

Zampullín común

Milhojas acuática

Nutria europea

Culebra de collar

Araña de agua

Lucio europeo

Caracol cuerno de carnero

Escarabajo buceador

Oculto entre los hierbajos sumergidos, este *lucio europeo* espera a que algún pez pase al alcance de sus afilados dientes.

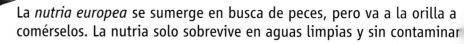

La *nutria europea* se sumerge en busca de peces, pero va a la orilla a comérselos. La nutria solo sobrevive en aguas limpias y sin contaminar.

La *culebra de collar*, una excelente nadadora, busca alimento en el agua; especialmente ranas, su presa preferida.

Las *libélulas emperador* macho patrullan por el río, enfrentándose a sus rivales y buscando hembras. Se alimentan de insectos que cazan al vuelo.

Las *ratas toperas* mordisquean las plantas de la orilla, donde cavan su madriguera.

Un *martín pescador común* se zambulle en el agua para atrapar un pez.

Aguilucho pálido

Caballito del diablo verde

Libélula emperador

Sauce blanco

Golondrina

Gallineta común

Ánade real

Focha común

Rata topera

Rana bermeja

Martín pescador común

Dorada

Rutilo

Espinoso

Anguila común

Náyade cisne

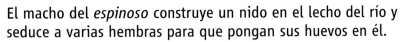

El macho del *espinoso* construye un nido en el lecho del río y seduce a varias hembras para que pongan sus huevos en él.

La *anguila común* pasa muchos años en ríos, charcas y lagos, y luego migra al océano Atlántico para reproducirse.

1 Gracias a la piel a modo de ala que tiene entre las patas, el *pósum pigmeo acróbata* puede planear de un árbol a otro en busca de néctar e insectos.

 2 El *chotacabras argos*, uno de los pocos pájaros que cazan de noche, busca polillas e insectos voladores, que atrapa volando.

12 El *canguro gris occidental* sale a comer de noche. Se alimenta de hierbas y hojas.

11 La *zarigüeya pigmea del sudoeste* se alimenta casi exclusivamente de néctar y polen.

Mopoke

Ratón sedoso

Ratón saltador de Mitchell

 **10** El *geco de Bynoe* está más activo por la noche, algo raro en un lagarto. Repta por el suelo en busca de insectos, arañas y otras pequeñas presas.

 **9** El *equidna de hocico corto* se alimenta de hormigas y es uno de los poco mamíferos que pone huevos. Si se siente amenazado, se enrolla en una bola

3 El *emú* se alimenta de hierba, semillas e insectos. Suelen buscar comida en parejas y a veces recorren grandes distancias para encontrarla.

4 El *maluro espléndido* anida en arbustos bajos y espinosos. Las crías de nidadas anteriores ayudan a los adultos a conseguir comida.

MATORRAL ÁRIDO
Mallee en Victoria, Australia

Las regiones en las que apenas llueve y con verano caluroso suelen ser colonizadas por plantas leñosas de hojas duras, correosas y resistentes a la sequía, como la artemisa tridentata del chaparral californiano, las hierbas aromáticas de la garriga mediterránea, y los arbustos de eucalipto y los pequeños árboles del Mallee australiano.

5 De día, el *mielero de boqueras* recoge néctar de las flores de los limpiatubos y otros arbustos.

6 El *goanna de arena* es un lagarto grande que se alimenta de animales más pequeños.

Cacatúa abanderada

Eucalipto

Corvino negro

Petroica frentirroja

Maluro de Mallee

Corvino apóstol

Dama pintada australiana

Serpiente marrón oriental

Cacatúa Galah

Dragón pintado

8 El *faisán australiano* incuba los huevos sobre un montón de plantas en descomposición que cubre con arena para ajustar la temperatura.

7 Si detecta algún peligro, el *escinco de lengua azul* trata de ahuyentar a sus enemigos silbando y sacando su peculiar lengua.

Una pequeña manada de *tarucas*, o venados andinos, mordisquean las hojas de las plantas que crecen en las escarpadas pendientes rocosas.

 El *flamenco de James* usa su pico especializado para filtrar algas diminutas del agua. Dichas algas hacen que sus plumas sean rosas.

La sangre del *ganso andino* absorbe más oxígeno de lo normal, lo que le facilita volar en el aire enrarecido.

La *vicuña* se ha adaptado para vivir en las laderas más altas. Tiene un pelaje grueso como el de la alpaca.

Montañero de Cochabamba

Ganso andino

Vicuña

Taruca

Flamenco de James

Zorro culpeo

Vizcacha

Tagua gigante

 El *zorro culpeo* o zorro colorado come prácticamente cualquier cosa que pueda atrapar. Este persigue a una vizcacha, pariente de la chinchilla.

 Un *armadillo andino* excava en el suelo polvoriento en busca de semillas, raíces, insectos y otros pequeños animales de madriguera.

Un *cóndor andino*, el buitre más grande, se eleva gracias a las corrientes de aire ascendentes con las enormes alas extendidas en busca de alimento.

Un grupo de *guanacos* pasta por el húmedo suelo cerca del lago. El guanaco es el ancestro salvaje de la llama doméstica.

MONTAÑA
Andes bolivianos, Sudamérica

A mayor altitud sobre el nivel del mar, más frío. Eso significa que en la cima de cordilleras como los Andes el clima es prácticamente polar y los picos están nevados y yermos, incluso en el ecuador. Más abajo, el paisaje parece la tundra ártica, con hierbas duras y árboles atrofiados que crecen entre las rocas desnudas. Los animales se han adaptado a los vientos intensos, las temperaturas gélidas y el aire enrarecido.

Cóndor andino

Queñoa

Ñandú de Darwin

Guanaco

Chorlito cordillerano

Gato andino

Chinchilla

Armadillo andino

Carpintero andino

El *ñandú de Darwin* vaga por los pastizales en grupos pequeños, picoteando plantas y animalillos.

El *carpintero andino* vive en las laderas altas con pocos árboles y caza en el suelo. Curioso en un carpintero.

El amenazado *gato andino*, que se encuentra solo a grandes altitudes, caza aves pequeñas y animales como las vizcachas.

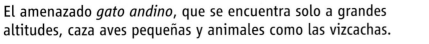
La *chinchilla*, famosa por su tupido pelaje, está bien protegida frente al frío de la montaña. De día se esconde en la madriguera o en alguna grieta de la roca.

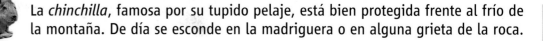

21

Antiguamente vagaban por la estepa enormes rebaños de *antílopes saigas*. Sus orificios nasales están adaptados para filtrar el polvo del aire seco.

En estas llanuras vive el ave voladora más pesada, la *avutarda común*. En primavera los machos hacen una espectacular exhibición de cortejo.

PASTIZALES TEMPLADOS
Estepa kazaja, Asia Central

En las regiones que no son desiertos pero son demasiado secas para que crezcan bosques se forman pastizales. Muchos están en las zonas templadas con veranos cálidos e inviernos fríos: praderas, pampas americanas y estepas de Europa y Asia. Los animales que viven en ellos se han adaptado para sobrevivir en paisajes abiertos sin lugares donde esconderse excepto bajo tierra y en los que el agua suele ser difícil de encontrar.

La *rata topo grande* sale brevemente de su madriguera y regresa en la oscuridad.

Con su cuerpo delgado, el *turón jaspeado* caza pequeños animales tanto en el exterior como en las madrigueras.

Halcón sacre

Zorro Corsac

Canastera alinegra

Antílope saiga

Avutarda común

Rata topo grande

Alcaraván

Hámster europeo

Turón jaspeado

Gangas de Pallas

Topillo de estepa

Tortuga rusa

Sapo común

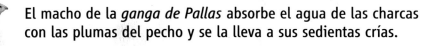
El macho de la *ganga de Pallas* absorbe el agua de las charcas con las plumas del pecho y se la lleva a sus sedientas crías.

La *tortuga rusa* pasa los meses invernales durmiendo bajo tierra, pero en primavera sale para reproducirse.

 La *grulla damisela* anida en los pastizales en verano y migra al sur cruzando el Himalaya para escapar del frío invierno de la estepa.

 Reintroducido en la estepa cuando estaba casi extinto, el *caballo de Przewalski* vive en manadas salvajes como sus ancestros.

Águila esteparia

Aguilucho papialbo

Lobo gris

Grulla damisela

Abejaruco común

Caballo de Przewalski

Hierba de pluma mexicana

Avefría sociable

Marmota de las estepas

Víbora de Orsini

Lagartija vivípara

 El *aguilucho papialbo* sobrevuela lentamente los pastizales en busca de pequeños animales.

El *abejaruco común* de vivos colores persigue a los insectos, atrapándolos al vuelo.

 La *víbora de Orsini* localiza a pequeños animales por su olor y los inmoviliza con su veneno. Luego se los traga enteros.

 Como la mayoría de los mamíferos pequeños de los pastizales, la *marmota de las estepas* esquiva a sus enemigos refugiándose en una red de madrigueras.

1 Muchos de los robles los planta el *arrendajo europeo*, que recoge bellotas (semillas de roble) para el invierno y las entierra en el suelo.

2 El bosque de Białowieża es famoso por sus *bisontes europeos* salvajes, que estaban casi extintos y se reintrodujeron en la década de 1950.

12 Los *petirrojos europeos* siguen al jabalí para hacerse con los gusanos y larvas que desentierra.

11 El *jabalí* escarba el rico suelo del bosque en busca de frutos secos, hongos y animalillos.

Roble

Sita

Pico dorsiblanco

Picogordo común

Anémona de bosque

Mariposa aurora

Rana bermeja

10 La *víbora común europea*, que se ve obligada a pasar el invierno oculta, sale en primavera para calentarse al sol y aparearse.

9 El *mosquitero silbador* es una de las muchas aves que llegan de África en primavera para anidar y alimentar a sus crías en el bosque lleno de insectos.

3 El *cárabo común* se posa en los árboles durante el día y caza pequeños animales por la noche. Cada cárabo tiene su propio territorio de caza.

4 Con sus alas cortas y redondeadas, el *gavilán común* puede precipitarse entre los árboles y las ramas para atrapar a pequeños pájaros.

BOSQUE CADUCIFOLIO
Bosque de Białowieża, Polonia

En las zonas templadas con estaciones, como Europa septentrional, muchas plantas sobreviven a las heladas invernales permaneciendo inactivas hasta la primavera. Las plantas herbáceas de tallo blando se quedan al nivel del suelo y los árboles caducifolios, como los robles, pierden las hojas. En primavera, cuando sube la temperatura, las plantas se llenan de vida. Les brotan hojas nuevas, que son un festín para los insectos. Estos, a su vez, atraen a las aves migratorias, que llenan el bosque con sus cantos.

5 Un *lince común* acecha a un par de corzos, una de sus presas favoritas.

6 El *ciervo común* vaga por el bosque y suele pastar en zonas abiertas, donde pueden cazarlo los lobos.

Lobo gris

Corzo

Camachuelo común

Ardilla común

Celidonia menor

8 La hembra del *cuco común* pone los huevos en los nidos de pequeñas aves cantoras, que crían a los polluelos de cuco como si fueran suyos.

7 La ágil *marta* persigue a las ardillas comunes por los árboles, saltando de rama en rama a mucha distancia del suelo.

El *puercoespín norteamericano* se alimenta de hojas, bayas y corteza en la copa de los árboles. Sus púas lo protegen de los enemigos.

La *marta pescadora*, pariente de las martas y las mustelas, es capaz de matar a un puercoespín norteamericano.

El gran *oso pardo* se atiborra de bayas y frutos secos en otoño para luego hibernar en invierno.

Al *lagópodo común*, que es blanco en invierno, le salen plumas marrones en verano para camuflarse.

BOSQUE BOREAL
Canadá central

Los bosques boreales más septentrionales, conocidos también como taigas, se extienden desde el Ártico hasta el sur de la tundra. Experimentan largos y fríos inviernos y veranos cortos, adecuados para las coníferas con sus hojas de aguja resistentes a las heladas. Debido al clima, el suelo está siempre húmedo y cenagoso. En Canadá, los castores forman lagunas en muchos de los riachuelos.

Puercoespín norteamericano

Marta pescadora

Marta americana

Oso pardo

Ardilla común

Pícea negra

Caribú

Lagópodo común

Águila calva

Castor

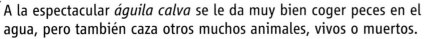

A la espectacular *águila calva* se le da muy bien coger peces en el agua, pero también caza otros muchos animales, vivos o muertos.

Los *castores* derriban árboles con sus enormes dientes y construyen diques con ellos, creando lagunas que rodean y protegen sus casas.

El *azor común* es un depredador que se desliza entre los árboles para atrapar ardillas y liebres.

Gracias a su excelente oído el *cárabo lapón* puede localizar ratones y topillos casi a oscuras, incluso ocultos bajo la nieve.

Azor común

Águila real

Piquituerto común

Trepador americano

Piquituerto aliblanco

Cárabo lapón

Ardilla rayada

Oso negro americano

Alce

Zorro común

Abedul papirífero

Lince de Canadá

Liebre americana

Glotón

El *piquituerto común* extrae los piñones de las piñas con su inusual pico curvado.

El *oso negro americano* es buen trepador. Suele refugiarse en los árboles para huir del oso pardo.

En otoño, los *alces* macho chocan sus cuernos para competir por las hembras. Son los venados vivos más grandes.

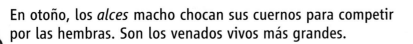

El *glotón*, que está por todo el Ártico, es un pariente de la comadreja que caza en el suelo, pero que también come carroña, como la hiena.

El *caribú*, o reno, se alimenta de las plantas que quedan al descubierto al derretirse la nieve. La mayoría de los machos ya han mudado de cornamenta.

El *gerifalte* es pariente del peregrino y se alimenta de aves y pequeños mamíferos.

Los leminos son la principal presa del *zorro ártico*, que en verano pierde su pelaje blanco invernal.

El *lemming de collar del norte* pasa el invierno bajo la nieve, a salvo de los gélidos vientos árticos.

TUNDRA
Groenlandia occidental

Los casquetes polares están rodeados de tundra, superficies que están heladas en invierno pero que se derriten en primavera. Cuando la nieve se derrite, las duras plantas árticas florecen. El aire se llena de insectos y los animales que han sobrevivido al invierno se unen a las aves que vuelan al norte para anidar y darse un festín de insectos.

Gerifalte

Caribú

Perdiz nival

Zorro ártico

Liebre ártica

Saxífraga lila

Armiño

Correlimos oscuro

Escribano nival

Lemming de collar del norte

Chortilejo grande

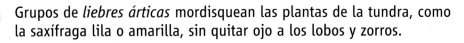

Grupos de *liebres árticas* mordisquean las plantas de la tundra, como la saxífraga lila o amarilla, sin quitar ojo a los lobos y zorros.

Un *armiño* con su camuflaje invernal sorprende a un chorlitejo. No tardará en mudar su pelaje por el marrón y blanco estival.

Manadas de *lobos árticos* van por la tundra en busca de presas. Esta confía en dispersar el rebaño de bueyes almizcleros y atrapar una de sus crías.

Cuando las noches árticas se acortan, el *búho nival* caza durante el día, sobre todo pequeños leminos que se traga enteros.

Búho níveo

Buey almizclero

Lobo ártico

Playerito blanco

Cuervo

Ganso careto

Bribón común

Falaropo picofino

El robusto *buey almizclero*, pariente de la oveja y la cabra, vive en la tundra todo el año.

Un *cuervo* picotea los huesos de un animal que no ha logrado sobrevivir al duro invierno ártico.

Bandadas de *gansos caretos* llegan procedentes de sus hogares invernales en Escocia e Irlanda para aparearse en la tundra.

La orilla de una laguna es el lugar perfecto para que anide el *bribón común*, que está tan especializado para el nado que apenas puede andar.

La imponente *ballena de Groenlandia* se desliza por el plancton con su enorme boca abierta y filtra las diminutas criaturas.

La *morsa*, con sus enormes colmillos, se sumerge en aguas costeras poco profundas hasta el lecho marino y devora almejas y otras presas.

MAR POLAR
Mar de Beaufort, norte de Canadá

El mar de Beaufort, helado todo el invierno, puede parecer un hábitat hostil. Pero el agua es rica en minerales, vitales para el crecimiento de las plantas, y cuando el hielo empieza a derretirse en primavera, la luz del sol favorece el desarrollo del plancton, que sirve de alimento a los animales diminutos que son, a su vez, el alimento de los peces, que asimismo alimentan a aves marinas, focas, ballenas y osos polares.

Gracias a su piel blanca, la *beluga* puede camuflarse entre el hielo marino y esconderse de los osos polares y las manadas de orcas.

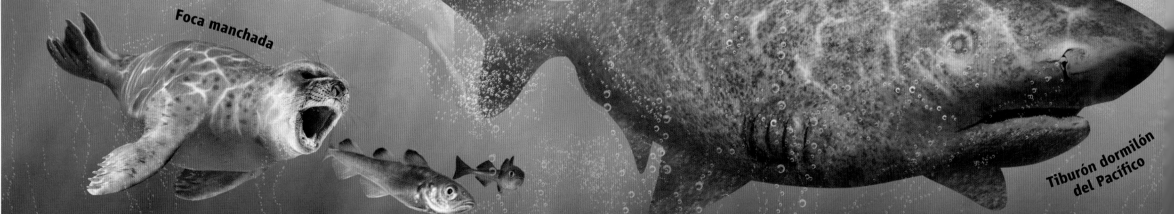

Gaviota tridáctila

Eider común

Morsa

Beluga

Ballena de Groenlandia

Ballena gris

Arao aliblanco

Pato havelda

Arenque del Pacífico

Foca manchada

Tiburón dormilón del Pacífico

La *foca manchada* caza peces como el bacalao polar y el arenque del Pacífico bajo las banquisas que se desplazan a la deriva por el agua.

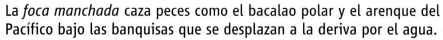

El *tiburón dormilón del Pacífico* se acerca a peces, calamares y pulpos, y los aspira hacia su enorme boca.

Como muchas aves árticas, el *falaropo picofino* aparece en verano para aparearse. Las hembras son de colores más vivos que los machos.

Los *osos polares* deambulan por el hielo en busca de focas, a las que atacan cuando salen a la superficie para respirar.

Falaropo gris

Falaropo picofino

Eider real

Colimbo chico

Oso polar

Foca anillada

Medusa melena de león ártica

Plancton

Salmón chum

Bacalao polar

Las hembras de la *foca anillada* cuidan a sus crías en cuevas de nieve excavadas en el hielo. Los osos polares, sin embargo, pueden detectarlas por el olor.

La *medusa melena de león ártica* atrapa peces, gambas y otras presas con sus largos tentáculos venenosos.

El *salmón chum* pasa la mayor parte de su vida en el mar. A los cinco años, nada río arriba para desovar y muere.

DEPREDADORES Y PRESAS

Las plantas y las algas fabrican su alimento y son el sustento de ciertos animales. Los animales usan buena parte de la energía que obtienen de la comida para realizar sus actividades y solo una pequeña parte se transforma en tejido orgánico que puede ser ingerido por los depredadores. Por eso los grandes depredadores como los lobos son mucho más escasos que los herbívoros, como muestra esta pirámide energética de la tundra ártica.

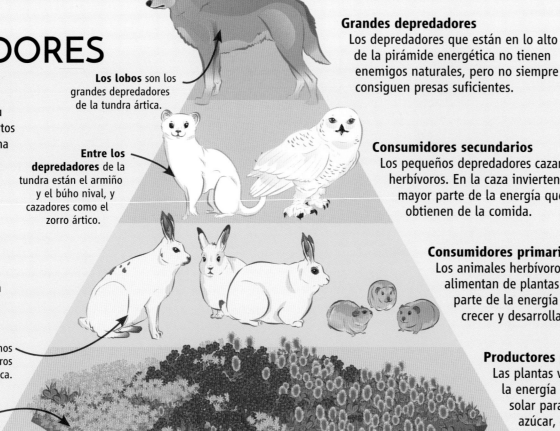

Los lobos son los grandes depredadores de la tundra ártica.

Grandes depredadores
Los depredadores que están en lo alto de la pirámide energética no tienen enemigos naturales, pero no siempre consiguen presas suficientes.

Entre los depredadores de la tundra están el armiño y el búho nival, y cazadores como el zorro ártico.

Consumidores secundarios
Los pequeños depredadores cazan herbívoros. En la caza invierten la mayor parte de la energía que obtienen de la comida.

Consumidores primarios
Los animales herbívoros se alimentan de plantas y usan parte de la energía para crecer y desarrollarse.

La liebre ártica y los leminos son los principales herbívoros pequeños de la tundra ártica.

Las plantas bajas como la saxífraga, florecen en verano en la tundra ártica.

Productores primarios
Las plantas verdes usan la energía de la luz solar para fabricar azúcar, que luego usan para crear tallos y hojas.

REDES TRÓFICAS

Las plantas y animales interactúan en una cadena alimentaria. Las semillas son ingeridas por los ratones, que se comen los búhos. Pero la naturaleza suele ser más compleja, ya que un mismo animal puede comer distintos alimentos. Por eso se forman redes complejas como la del ejemplo de los gélidos mares árticos.

El zooplancton, como el kril, come algas microscópicas que se desplazan por el agua a la deriva.

El bacalao polar come zooplancton, pececillos y otros animalitos.

Los osos polares cazan focas, pero también peces grandes. A ellos no los caza nadie.

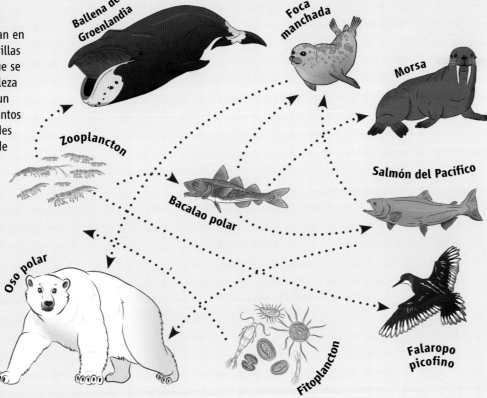

Ballena de Groenlandia

Foca manchada

Morsa

Zooplancton

Salmón del Pacífico

Bacalao polar

Oso polar

Fitoplancton

Falaropo picofino

La ballena de Groenlandia filtra el zooplancton del agua.

La foca manchada come peces medianos como el bacalao polar, pero también cangrejos y gambas.

La morsa se alimenta de almejas y cangrejos del lecho marino, pero también come peces.

El salmón del Pacífico caza peces como el bacalao polar y otros más pequeños.

El falaropo picofino es un ave marina pequeña que come zooplancton.

AGRADECIMIENTOS

Dorling Kindersley quiere dar las gracias a Carron Brown, Sheila Collins, Simon Mumford y Jenny Sich por el **trabajo editorial y de diseño**; a Steve Crozier y Stefan Podhorodecki por el **retoque creativo**; a Elizabeth Wise por el **índice**, y a Rob Perry por la **visualización**.

El editor quiere también expresar su agradecimiento por permitir reproducir sus imágenes a:
Andrew Beckett (Illustration X) pp. 8-13; **Peter Bull** pp. 14-15; **Chris@KJA Artists** pp. 6-7, 18-25; **Barry Croucher (The Art Agency)** pp. 26-27, 30-31; **Stuart Jackson Carter** pp. 16-17; **Sofian Moumene** pp. 4-5, 28-29

Resto de las imágenes © Dorling Kindersley
Para más información ver: www.dkimages.com

7